BEI GRIN MACHT SICH IHR
WISSEN BEZAHLT

- Wir veröffentlichen Ihre Hausarbeit,
  Bachelor- und Masterarbeit

- Ihr eigenes eBook und Buch -
  weltweit in allen wichtigen Shops

- Verdienen Sie an jedem Verkauf

Jetzt bei www.GRIN.com hochladen
und kostenlos publizieren

Frank Eckhoff

Zum Werk von Kenichi Ohmae "Was kommt nach der Globalisierung?"

GRIN Verlag

Bibliografische Information der Deutschen Nationalbibliothek:

Die Deutsche Bibliothek verzeichnet diese Publikation in der Deutschen National-
bibliografie; detaillierte bibliografische Daten sind im Internet über http://dnb.d-
nb.de/ abrufbar.

Impressum:

Copyright © 2006 GRIN Verlag GmbH
Druck und Bindung: Books on Demand GmbH, Norderstedt Germany
ISBN: 978-3-638-93508-1

Dieses Buch bei GRIN:

http://www.grin.com/de/e-book/90923/zum-werk-von-kenichi-ohmae-was-kommt-
nach-der-globalisierung

GRIN - Your knowledge has value

Der GRIN Verlag publiziert seit 1998 wissenschaftliche Arbeiten von Studenten, Hochschullehrern und anderen Akademikern als eBook und gedrucktes Buch. Die Verlagswebsite www.grin.com ist die ideale Plattform zur Veröffentlichung von Hausarbeiten, Abschlussarbeiten, wissenschaftlichen Aufsätzen, Dissertationen und Fachbüchern.

Besuchen Sie uns im Internet:

http://www.grin.com/

http://www.facebook.com/grincom

http://www.twitter.com/grin_com

Zum Werk von Kenichi Ohmae
"Was kommt nach der Globalisierung?"

Buchrezension

Universität Hamburg
Department Wirtschaft und Politik
Masterstudiengang „Entrepreneurship"
Kurs: Theorie und Empirie der Globalisierung

Semester: SoSe 2006

Frank Eckhoff

Abgabetermin: 28.06.2006

Inhaltsverzeichnis

1. Der Autor und sein Buch

Der Autor, Kenichi Ohmae, geboren im Jahr 1943 erwarb am Massachusetts Institute of Technology (MIT) den Doktortitel in Reaktortechnik. Er ist Regierungsberater und war Leiter der Japan-Niederlassung der renommierten Unternehmensberatung McKinsey. Zum Themengebiet Globalisierung sind bereits mehrere seiner Bücher veröffentlicht worden. Mitte der 80er Jahre stellte er die „Triade" (die transnational integrierten Ökonomien Japans, der USA und Westeuropa) in das Zentrum der Globalisierungstheorie, womit er großes Aufsehen erregte und die einschlägige Begrifflichkeit prägte.

In den letzten dreißig Jahren hat er über 60 Ländern der Erde bereist, manche davon sehr häufig: 400-mal die USA oder über 100-mal Malaysia. Während dieser Reisen konnte er sich mit Firmenchefs, Mitarbeitern und Kunden austauschen. Überdies ist er als Entrepreneur an Unternehmensgründungen in verschiedenen Ländern beteiligt. Der breite Erlebnisschatz des Autors sollte ihn befähigt haben uns die Funktionsweisen der Global Economy anhand zahlreicher internationaler Fallbeispiele darzulegen.

Der Titel des im Jahr 2006 in Deutschland erschienenen Buches „Was kommt nach der Globalisierung?" ist mit Blick auf die Vielzahl der Publikationen zu diesem Thema geeignet, Aufmerksamkeit für ein neues globales Phänomen zu erzeugen und zum Kauf zu animieren. Ein Marketing-Trick! Der Leser wird getäuscht. Der englische Originaltitel „The Next Global Stage. Challenges and Opportunities in Our Borderless World" ist treffender formuliert, denn tatsächlich befasst sich der Autor lediglich mit dem Fortgang im Globalisierungsprozess. Mit Hilfe der modernen Technologien und globaler Plattformen soll sich die Global Economy über den internationalen Standortwettbewerb im Bereich der industriellen Produktion hinaus entwickeln. Ziel des Buches ist es, dem Leser Orientierung in der Welt von heute zu geben, wichtige Trends der Globalisierung aufzuzeigen und Anstöße für neue Handlungs- und Denkweisen zu geben.

2. Zentrale Aussage des Autors

Über die Vielzahl der Beobachtungen des Autors aus der ganzen Welt erhalten wir ein breit gefächertes Bild der Realität inklusive ausgewählter Innenansichten von unterschiedlichen Branchen. Seine Schlussfolgerungen entwickeln sich vom Besonderen auf das Allgemeine (Induktion). Sie führen ihn zu seiner zentralen Aussage: *Die Globalisierung ist Realität. Wir alle – Arbeitgeber, Arbeitnehmer, Politiker und jeder Bürger – müssen lernen, dass Erfolg und Reichtum nicht mehr vom bestehenden Wohlstand abhängen, Kapital weltweit verfügbar ist und die Größe eines Unternehmens, eines Staates nicht mehr das Maß aller Dinge ist.*

Erfolgreiche „Regionalstaaten" benötigen keinen vorhandenen Kapitalstock, um Wohlstand zu generieren. Die Regionen Dalian (China), Hyderabad (Indien) oder San Jose (Kalifornien) sind anschauliche Beispiele für den Aufstieg armer Wirtschaftszonen und ihre beachtliche Anziehungskraft auf internationales Kapital. Dieses Phänomen deckt sich mit der neoklassischen Vorstellung von abnehmenden Grenzerträgen bei steigender Kapitalintensität. In Regionen mit bisher niedriger Kapitalintensität können Direktinvestitionen daher einen höheren Return on Investment erzielen. Die realen Beispiele belegen, die grenzüberschreitende Mobilität des Faktors Kapital.

Der freie Kapitalfluss wird jedoch in einigen Bereichen der nationalen Finanzmärkte behindert. Chinesische Banken, Versicherungen und Privatpersonen sind beispielsweise durch staatliche Kapitalverkehrskontrollen daran gehindert in stärkerem Maße in ausländische Währungen zu investieren.[1] Angesichts der enormen Devisenreserven Chinas sollten solche protektionistischen Maßnahmen unnötig sein. Der Erfolgsbeitrag von Protektionismus wird vom Autor aber völlig ausgeblendet. Die Kritiker des vorherrschenden neoliberalen Diskurses, Noam Chomsky (MIT Boston) und Ha-Joon Chang (University of Cambridge) haben festgestellt, dass die prosperierenden Industriestaaten und erfolgreiche Länder wie Korea, Taiwan, China und Indien ihre Industrien mit Hilfe protektionistischer Maßnahmen und unter Verletzung der Freihandelsregeln entwickelt haben.

---

[1] F.A.Z.-Artikel vom 15.04.2006, China öffnet seinen Finanzmarkt.

3. Aufbau und kritische Inhaltsangabe des Buches

Der Autor gliedert sein Buch in drei Teile mit insgesamt elf Kapiteln. Die drei Hauptgliederungspunkte sind mit Metaphern aus der Film- und Theaterwelt belegt.

Im ersten Teil **„Die Bühne"** wird dem Leser das globale Umfeld, seine Merkmale und seine historische Entwicklung näher gebracht. Die Global Economy wirkt sich auf alle Menschen insbesondere auf die Entscheidungsträger in der Wirtschaft aus. Doch was sind die Eigenschaften dieser globalen Wirtschaftswelt? Der Autor, Kenichi Ohmae, beschreibt vier sich gegenseitig verstärkende Merkmale: Die Global Economy sei grenzenlos, unsichtbar, internetbasiert und spekulativ. Dank durchlässigerer nationaler Grenzen sei ein zunehmend barrierefreier Raum für Unternehmen, Konsumenten, Kommunikation und Kapital entstanden. Die Handlungen der Akteure sowie die hieraus resultierenden Zahlungsvorgänge und Kapitalströme blieben jedoch wegen der vorwiegend eingesetzten Internettechnologie unsichtbar. Des weiteren sei das Kapital auf seiner weltweiten Suche nach lukrativen Anlagemöglichkeiten von spekulativen Multiplikatoren geleitet.

Zum Ende des Abschnittes wird deutlich, das die traditionellen Wirtschaftstheorien von David Ricardo, Adam Smith oder John Maynard Keynes nicht mehr gelten, denn sie sind auf ihre historische Umgebung zugeschnitten, die von den komplexen Rahmenbedingungen in unserer grenzenlosen, internetbasierten Welt divergieren.

Gegenstand im zweiten Teil **„Regieanweisungen"** sind die wichtigen Trends auf der globalen Bühne. Dazu zählt die Dezentralisierung auf Regionen, der wichtigsten strukturellen Einheit innerhalb der Global Economy. Diese mehrdimensionalen Cluster von unterschiedlicher Branchenbreite entwickeln starke Wirtschaftskraft, wie das Beispiel Irlands als E-Hub (Elektronische Drehscheibe) Europas zeigt.

Des weiteren wird die Bedeutung von Plattformen für den Zugang zur Global Economy behandelt. Grundlage sind sowohl technische Plattformen, wie z.B. das Internetprotokoll (IP) oder die Codiersprachen (HTML / Java), als auch die Englische Sprache als weltweites Kommunikationsmittel. Der US-Doller hält relativ unbestritten die Rolle einer gemeinsamen Währung im globalen Finanzsystem inne.

Darüber hinaus seien auch Marken als Plattform geeignet. Die Markenlandschaft wird von amerikanischen Unternehmen dominiert. Sie stellen acht von zehn bzw. 62 von 100 Top-Marken der Welt. Der Exportweltmeister Deutschland hat seine Stellung mit nur sechs Marken unter den Top 100 erreicht. Was der Autor nicht berücksichtigt, ist z.B. die

Herkunftsangabe „Made in Germany", mit der mittelständischen Unternehmen ihre Stellung auf dem Weltmarkt erreichen.[2]

Das länderübergreifende Outsourcing ist eine weitere Zeiterscheinung, die am Beispiel von Backoffice-Aktivitäten europäischer und amerikanischer Unternehmen in Indien mit ihrem Für und Wider erläutert wird. Kritisch anzumerken ist, dass der Gehaltsvergleich (Ohmae: S. 259) zwischen den Beschäftigten in den USA und den Outsourcing-Ländern auf die absoluten Personalkosten abstellt. Es ist jedoch wichtig jeweils die Wertschöpfung pro Beschäftigten in die Überlegung einzubeziehen, zumal in den USA die höchste Produktivität pro Beschäftigten erreicht wird.

Der Autor berichtet darüber hinaus von den revolutionären Entwicklungen der Internetportale und Suchmaschinen[3], die bei der täglich steigenden Zahl der „Cyberianer" (800 Millionen Menschen mit URL-Adresse) ein neues Konsumentenverhalten ausgelöst hat. Die „Cyberianer" sind nicht auf das Gebiet der „Triade" oder durch ein Pro-Kopf-Einkommen limitiert. In diesem Kreis finden sich die Aufgeweckten und Neugierigen aus den unterschiedlichsten Regionen der Erde. Die Begünstigung dieses Phänomens aufgrund der Konvergenz in den Bereichen Telekommunikation, Informationstechnologie, Medien und Entertainment (sogenannte TIME-Märkte) in den letzten Jahrzehnten hätte deutlicher hervorgehoben werden können.

Auf dem Gebiet der Logistik erlebt die Wirtschaftspraxis radikale Umbrüche. Die von Dell und FedEx geschaffene Virtual Single Company zeigt, wie die aufwendigen Wertschöpfungsketten zweier Unternehmen unter dem Einfluss der neuen logistischen Möglichkeiten erodieren. Im Dell-Modell übernimmt der Mitarbeiter an der Kundenschnittstelle mehrere Rollen: Neben der Bestellannahme löst er gleichzeitig den Produktionsprozess aus, veranlasst die Just-in-Time-Lieferung der Komponenten, informiert die Logistikpartner und bietet dem Kunden weitere Produkte an. Mit den heute existierenden Transportplattformen, sind größere Entfernungen in kurzer Zeit zu bewältigen, so dass die Vorstellung vom Umland einer Stadt tatsächlich neu definiert werden muss.

Der dritte Teil **„Das Drehbuch"** startet mit einer Zerlegung der Auswirkungen der Fortschritte der Global Economy auf Politik, Unternehmen und Menschen. Der Autor gibt Anstöße für neue Handlungs- und Denkweisen.

---

[2] Darüber hinaus wurden die Marken der Niederlande in der Abb. 5.3 auf S. 218 auf zwei Staaten Holland und Niederlande zersplittert. Ein gutes Beispiel dafür, dass fehlende regionale Kenntnisse in der globalen Welt zu Detailschwierigkeiten und Qualitätsverlusten führen können.

[3] Der Abschnitt „Wurden Sie in letzter Zeit gegoogelt?" zeigt, das es einige Déjà-vu-Erlebnissen auslöst, wenn Internet-Recherchen vor der Begegnung mit Kenichi Ohmae zu ähnlichen Gesprächsthemen und Kommentaren führen. Die Google-Suche ergab 204.000 Treffen. Die Top 10 betreffen sämtlich den Autor des Buches.

Kenichi Ohmae plädiert dafür, dass der Zentralstaat seine Macht zugunsten von Initiativen der Regionen abgibt. Der dezentral organisierte Staat solle die Menschen zu einer positiven Interaktion mit der übrigen Welt ermuntern und die traditionelle Umverteilungspolitik beenden.

Eine Leitfrage müsse sein, ob die übrige Welt bereit sei, Direktinvestitionen, neue Technologien und dynamische Unternehmen in die Region zu tragen, weil sie attraktiver ist als andere Regionen. Diese Forderung wird mit dem enormen Rückgang ausländischer Direktinvestitionen in den USA von 314 Mrd. $ im Jahr 2000 auf nur noch 30 Mrd. $ im Jahr 2002 unter der Präsidentschaft von Georg W. Bush unterlegt, der ausschließlich auf den Politikwechsel zurückgeführt wird. Hierzu sei angemerkt, dass neben anderen Faktoren z.b. die Anschlägen vom 11. September 2001 ebenfalls bedeutenden Einfluss auf das amerikanische Investitionsklima hatten.

Darüber hinaus benötigen die Regierungen auf nationaler und regionaler Ebene eine klare, zukunftsweisende Vision, die ein Etikett tragen kann: „De-facto-Hauptstadt der ASEAN" (Singapur), „Multimedia Super Corridor" (Malaysia) oder „E-Hub Europas" (Irland). Solche Vision sollen günstiger Weise neue Technologieschübe einläuten, die Spezialisierung auf einen Sektor fördern, die Bürokratie auf ein verträgliches Maß reduzieren, Hindernisse für den Kapitalverkehr abbauen und Fach- und Führungskräfte aus aller Welt anlocken.

Auf dem Gebiet der Bildung ist staatliches Engagement weiterhin erwünscht. Denn ein hohes Bildungsniveau des Arbeitskräftepotentials und lebenslanges Lernen sind Voraussetzungen für einen intellektuellen Mehrwert und die dynamische Anpassung an die jeweils geforderten Qualifikationen. Hierzu verweist der Autor auf die flexiblen Möglichkeiten von Fern-studiengängen. Als Beleg ist der fortschrittlich gestaltete Ablauf des MBA-Kurses der Bond University, Australien, angeführt, an dem der Autor beteiligt ist. Auf die mit einem solchen Studium verbundenen sozialen Schwierigkeiten, die Doppelbelastung durch Studium und Beruf, die hohen Anforderungen an Eigenständigkeit und Selbstdisziplin sowie den Transfer in die Praxis wird jedoch nicht eingegangen.

In diesem Kontext präsentiert der Autor sodann als Beweis für den Erfolg von an der Global Economy orientierter Regierungspolitik Musterbeispiele aus China, Malaysia, Singapur, Schweden und Irland. Besonders überzeugend wirkt die Umstrukturierung des schwedischen Wohlfahrtsstaates par excellence hin zum verschlankten, attraktiven Technologiestandort. Mit Blick auf die weltspitze Ausgaben für Forschung und Entwicklung (3,7% vom BIP) und die Bildungsinvestitionen zählt die OECD Schweden heute zu den am stärksten wissensbasierten Volkswirtschaften der Welt. Ein wachsender Anteil der Ausbildung an schwedischen Schulen findet in englischer Sprache statt und eines der bekanntesten Technologiecluster mit 250 Hightechunternehmen ist die „Science City" in einem Stockholmer Vorort.

In der Welt der Global Economy hat sich der technologische Wandel enorm beschleunigt. Der Siegeszug der digitalen Kamera zu Beginn des 21. Jahrhunderts revolutionierte die ganze Branche innerhalb weniger Jahre. Doch auch die Digitalkamerabranche muss sich bereits auf neuerliche Veränderung einstellen. Mehr als die Hälfte aller Mobiltelefone verfügen über eine Kamera mit vergleichbarer Anzahl von Pixel.

Angesichts solcher rasanter Fortschritte müssen Unternehmen und Menschen in der Global Economy in höherem Maß anpassungsfähig sein.

Von der Vorstellung von dem einen Beruf auf Lebenszeit und einer steten Verbesserung der Lebensbedingungen müssen sich viele Menschen verabschieden. Die erfolgreichen werden gelernt haben, Selbstverantwortung zu übernehmen und ihren eigenen Lebensstil zu managen. Die Unternehmen werden sich von ihrer traditionellen nationalstaatlichen Bindung lösen. Sie sollen sich unter der Maßgabe von Flexibilität und zukünftigem Nutzen ihrer Kern-kompetenzen bewusst werden. Die Global Economy erfordert außerdem das Aufbrechen der alten hierarchischen von Trägheit und Reibung bestimmten Organisationsstrukturen. An die Stelle der Wertschöpfungskette tritt eine dreidimensionale Wertematrix. Auf diese Weise entstehen heimatlose, wandlungsfähige Unternehmen, die frei von überflüssiger Hierarchie sind.

Abschließend resümiert der Autor, dass es angesichts der Geschwindigkeit des Wandels und der Komplexität der Welt unmöglich wird das eigene Unternehmen, die Wettbewerber und die Kunden klar zu definieren, um eine erfolgversprechende Unternehmensstrategie zu entwickeln. „Es ist, als wollten wir die Form einer großen Wolke beschreiben, in die ein starker Wind gefahren ist" (Ohmae: S. 394). Dennoch gelingt es dem echten Entrepreneur, die Wolke zumindest teilweise einzufangen und in Regentropfen oder Profit zu verwandeln.

4. Fazit

Das Buch ist keine wissenschaftliche Arbeit. Es enthält keine empirischen oder theoretisch fundierten Untersuchungsergebnisse. Teilweise wurden die Argumentationen mit statistischen Zahlen unterlegt. Nichtsdestotrotz sind vom Autor keine unwiderlegbaren Beweise geliefert worden. Das Themengebiet der Globalisierung wird von Kenichi Ohmae vielmehr auf eine pragmatische Art und Weise aus der realen Perspektive des Unternehmers betrachtet. Mit Blick auf seine Erfahrung, seine Hintergrundinformationen und sein Renommee ist er ein glaubwürdiger „Prophet der Globalisierung".

Der zentralen Aussage des Autors über Wohlstand, Kapitalfluss und Bedeutung von Größe kann zugestimmt werden. Angesichts des beschriebenen grenzenlosen, unsichtbaren, internetbasierten und spekulativen wirtschaftlichen Umfeldes sind die klassischen Wirtschaftstheorien tatsächlich tradiert. Die internationalen Fallbeispiele geben die entscheidenden Hinweise auf die realen Bedingungen, die bereits in verschiedenen Regionen der Erde vorherrschen.

Der relativ einseitige Betrachtungswinkel könnte dem Leser den Eindruck vermitteln, dass es keine Alternativen zu den Handlungs- und Denkweisen des Autors gibt. In seiner doch oberflächlichen Euphorie, werden kritische Gegenströmungen, die Schattenseiten der Globalisierung oder die wachsende Kluft zwischen den Industrie- und Entwicklungsländern nicht thematisiert. Auf diese Probleme sollen wohl andere Globalisierungsexperten eine Antwort finden.